Les Annates en Normandie

VERS LA FIN DU XVe SIÈCLE

D'après plusieurs manuscrits de la Bibliothèque de Lyon

Par E. CAILLEMER

Doyen honoraire de la Faculté de droit de Lyon, correspondant de l'Institut.

ROUEN

IMPRIMERIE LÉON GY, 5, RUE DES BASNAGE

1911

Extrait du CONGRÈS DU MILLÉNAIRE NORMAND

Les Annates en Normandie

VERS LA FIN DU XVᵉ SIÈCLE

D'après plusieurs manuscrits de la Bibliothèque de Lyon

Par E. CAILLEMER

Doyen honoraire de la Faculté de droit de Lyon, correspondant de l'Institut.

ROUEN

IMPRIMERIE LÉON GY, 5, RUE DES BASNAGE

—

1911

Les Annates en Normandie vers la fin du XVe siècle

D'après plusieurs manuscrits de la Bibliothèque de Lyon

On donnait autrefois le nom d'annate à une taxe égale ou réputée égale au revenu d'une année d'un évêché ou d'un bénéfice consistorial, taxe que le bénéficiaire était obligé de payer à la Chambre apostolique au moment où il retirait ses bulles.

I

D'après la rigueur du droit féodal, quand un vassal venait à mourir, son héritier ne succédait pas au fief. Il était obligé de demander au seigneur une nouvelle investiture, et le seigneur ne l'accordait que moyennant le paiement d'un droit de mutation. Tout changement de vassal était donc une cause de profit pour le seigneur.

Par esprit d'imitation, les évêques, seigneurs ecclésiastiques, voulurent tirer profit des modifications survenant dans le personnel des bénéficiaires de leurs diocèses. Sous le titre de « déport », ils s'attribuèrent les revenus des bénéfices pendant la durée des vacances. Ce fut au xie siècle et au xiie qu'ils formulèrent nettement cette prétention.

L'exemple est contagieux. Au xiiie siècle, les Souverains Pontifes manifestèrent l'intention de s'approprier les revenus des abbayes, en les joignant aux revenus des évêchés vacants. L'évêque de Rome n'était-il pas le supérieur hiérarchique de toutes les églises de la chrétienté ?

Quelques tentatives ayant réussi, le pape Jean XXII (1316-1334) déclara nettement, au commencement du xive siècle, que tous les fruits des bénéfices vacants dans le monde catholique lui appartenaient.

Plus tard, pour prévenir de regrettables contestations, on admit qu'une taxe fixe, bien déterminée à l'avance et calculée sur les revenus moyens du bénéfice, serait payée à la Chambre apostolique.

Au xve siècle, par bienveillance, Grégoire XII (1406-1409), exempta de l'annate les bénéfices dont le revenu ne s'élevait pas à vingt-quatre ducats.

II

Les canonistes et les légistes français n'accueillirent pas très favorablement les prétentions pontificales.

Une ordonnance du 3 octobre 1385 nous apprend que, sans trop de réflexion, Charles VI avait tout d'abord autorisé des collecteurs romains à diriger des poursuites contre plusieurs prélats et autres personnes d'église en demeure de payer au Saint-Père les premiers fruits de leurs bénéfices. Mais le Roi se ravisa bientôt, et, mieux informé, il déclara, par ladite ordonnance, que son autorisation était rapportée et que dorénavant elle ne devrait avoir aucun effet.

Le 2 avril 1418, le même prince défendit, sous des peines rigoureuses, toute exportation, directe ou indirecte, « per litteras, bulletas, obligationes aut alias quovismodo », d'or, d'argent, de joyaux, de pierres précieuses, envoyées en Italie sous prétexte d'annates.

Le Concile de Bâle ayant, en 1435, prohibé, même pour le Souverain Pontife, toute perception d'annates, le clergé de France, réuni à Bourges, s'appropria cette décision, et Charles VII l'inscrivit dans la Pragmatique-Sanction du 7 juillet 1438.

Mais, à la suite du Concordat de 1516 entre François Ier et Léon X, le paiement de l'annate devint la règle en France pour tous les bénéfices consistoriaux (1).

Le Parlement de Paris avait bien formulé quelques objections. Si les Empereurs et les Rois exigeaient, à titre d'investiture, quelques redevances des dignitaires ecclésiastiques, les Souverains Pontifes qualifieraient d'abusives et de simoniaques de telles perceptions. Et cependant on ne peut pas nier que, protecteurs et défenseurs de tous les biens situés dans leurs États, les Empereurs et les Rois ont pour excuse que les églises doivent contribuer à la défense publique. Par quel art, par quelle magie les annates deviennent-elles saintes et légitimes parce qu'elles sont versées dans les mains des Souverains Pontifes, qui ne contribuent en rien à la sûreté publique ?

François Ier ne s'arrêta pas devant les scrupules du Parlement. Mais les députés aux États d'Orléans de 1560 reprirent l'argumentation des parlementaires, et l'ordonnance, adoptant le texte proposé par les cahiers, sembla leur donner gain de cause, au moins en ce qui concerne les évêchés.

La suppression fut toutefois de courte durée.

En 1562, comme prix d'un secours pécuniaire qu'il accorda à Charles IX, le Saint-Siège demanda l'abrogation de l'article 1er de l'ordonnance de 1560 et le rétablissement intégral du droit d'annate. Malgré les répugnances du

---

(1) Il est digne de remarque que le Concordat ne parle pas expressément des annates. Avait-on espéré, en gardant le silence, éviter les objections ? Mais ni les Parlements, ni l'opinion publique n'eurent d'hésitation : comme prix du droit de nomination aux dignités ecclésiastiques que le Souverain Pontife lui accordait, le Roi autorisait la perception de la taxe. Échange bizarre, dit un vieil historien : « Le Pape, qui est une puissance spirituelle, prit le temporel pour lui, et donna le spirituel à un prince temporel ». Conf. Garnier, *Histoire de France*, t. XXIII, 1774, p. 163.

Notons, en passant, à titre de curiosité historique, que Gabriel du Moulin, curé de Menneval, a écrit dans son *Histoire générale de Normandie* (Rouen, 1631, p. 526) : « Les Rois de France ont toujours depuis ce temps-là (le temps de la réunion de la Normandie à la couronne de France par Philippe-Auguste en 1204) eu, dans la Normandie, le droit de régale, d'annates, qui, comme il y a grand nombre de riches abbayes, porte un grand denier en leurs coffres ».

chancelier Michel de l'Hôpital, les annates reprirent leur cours, sans que l'ordonnance eut été expressément et légalement révoquée. Ce fut un simple arrêt du Conseil, qui, le 10 janvier 1562, autorisa la perception ; elle ne fut vraiment régularisée que par l'ordonnance de Blois de 1579.

III.

Les anciens canonistes ont beaucoup discuté la question de savoir ce que représentait l'annate. Était-ce le prix de la bulle délivrée au bénéficiaire ou bien une sorte de don gratuit fait par le nouveau prélat au Pape et à ses officiers ? La Cour de Rome avait-elle dans le Concordat un titre lui conférant un droit ? Était-elle au contraire redevable de l'annate au bon plaisir du Roi ? Ces questions avaient beaucoup d'intérêt théorique pour les jurisconsultes gallicans, qui se prononçaient généralement pour l'opinion la moins favorable à la Chambre apostolique. Mais, en fait, l'annate a été régulièrement payée.

Quelques tentatives furent faites pour la supprimer ; elle est restée en vigueur jusqu'en 1789. Les lois du 11 août et du 21 septembre de cette année prononcèrent l'abolition définitive de ce droit abusif. Mais le Concordat de 1801 lui rendit une apparence de vie. Pendant tout le cours du xix\ siècle, l'annate fut représentée par le droit de bulle que payaient à la Cour de Rome les nouveaux dignitaires ecclésiastiques, droit calculé sur leur traitement et dont l'État leur tenait compte au moyen de crédits inscrits chaque année au budget général (1).

IV.

Ce rapide coup d'œil jeté sur l'histoire de l'annate nous paraît suffisant pour le but que nous nous proposons. Si l'on voulait de plus amples détails, on les trouverait aisément dans des monographies spéciales, telles qu'un *Traité des Annates* publié en 1718.

Nous devons maintenant dire quelques mots sur l'établissement et la perception de l'annate.

Cette taxe n'était due que par les nouveaux titulaires des évêchés et par ceux des bénéfices majeurs ou consistoriaux. A quel signe pouvait-on distinguer un bénéfice majeur ou consistorial d'un bénéfice mineur ?

Un bénéfice consistorial était un bénéfice pour lequel il fallait obtenir des bulles ou provisions dans le Consistoire, sorte de Conseil d'État du Sou-

---

(1) Un des bureaux de l'Administration des cultes avait dans ses attributions, non seulement les traitements des titulaires ecclésiastiques, mais encore « les frais d'établissement des cardinaux, archevêques et évêques ». Nous avons sous les yeux le projet du budget général pour l'exercice 1881, et nous y trouvons une demande de crédit de vingt-quatre mille francs « pour frais de bulles et d'informations », conformément aux actes du 23 ventôse an XIII et 12 septembre 1819.

verain Pontife. Or, cette nécessité n'existait que : 1º si le bénéfice était taxé sur les registres de la Chambre apostolique, et 2º s'il était taxé au moins à soixante-six ducats et deux tiers.

Tous les monastères qui n'étaient pas taxés dans les livres de la Chambre apostolique, quelle que fût leur valeur, lors même, comme le dit un manuscrit que nous avons sous les yeux, que leur revenu annuel aurait été de dix mille ducats, « etsi essent valoris annui decem millium ducatorum », étaient non consistoriaux (1).

Il en était de même pour les monastères taxés dans les livres de la Chambre apostolique, lorsque leur taxe était inférieure à soixante-six ducats et deux tiers de ducat (2). Cette particularité s'explique historique-

(1) Dans un manuscrit du xvi⁰ siècle, appartenant à la Bibliothèque de Lyon (*Catalogue général*, nº 359 ; Delandine, nº 287), et ayant pour titre : *Taxe cancellarie et penitentiarie*, on lit : « Monasteria illa omnia dicuntur consistorialia que reperiuntur taxata in libris Camere apostolice ad lxvi ducat. et duo tertia unius duc. aut ultra ad quamcumque summam. Et nota quod omnia monasteria consistorialia sunt taxata in dictis libris. Nam, ad hoc ut aliquod monasterium sit consistoriale, necesse est quod sit taxatum in dictis libris ad dictam summam, videlicet lxvi ducat. et 2/3 unius ducati aut supra. Alias non est consistoriale. Necesse est quod sit taxatum, etsi tale monasterium esset valoris decem millium ducat. »

(2) Manuscrit 359 déjà cité : « Monasteria non consistorialia, sed taxata in libris Camere apostolice. — Illa dicuntur monasteria non consistorialia que reperiuntur taxata in dictis libris a xxx ducat. usque ad lxvi duc. Nam, cum taxa monasterii attingit dictos lxvi duc. cum duobus tertiis unius, efficitur consistoriale. Si vero non attingat, consistoriale non est, sed dicitur monasterium non consistoriale taxatum in libris Camere apostolice ».

Presque toutes les abbayes normandes, que nous avons trouvées inscrites sur les manuscrits 358, 360 et 361, sont taxées à plus de soixante-six florins et sont par conséquent des « monasteria consistorialia ». Il y a toutefois quelques exceptions. Ainsi, dans le diocèse de Rouen, l'abbaye de Foucarmont n'est taxée qu'à cinquante florins, celle de Mortemer à trente-trois. Dans le diocèse d'Évreux, l'abbaye de Notre-Dame-du-Val n'est taxée qu'à soixante. Dans le diocèse de Bayeux, l'abbaye du Val est dans le même cas ; pour Barbery, il y a doute, le ms. 360 disant : « lx, alias 260 ».

Quant aux « Monasteria non consistorialia nec taxata in libris Cameræ apostolicæ », notre manuscrit 359 confirme ce que nous avons dit : Ils échappent à la taxe, « etsi essent valoris annui decem millium ducatorum ». Mais « verus valor monasterii non consistorialis, nec taxati in dictis libris, existentis in patria non reducta, est exprimendus in expeditione ipsius monasterii ac etiam in illius retentione ». Si le « verus valor annuus » de ce monastère n'avait pas été indiqué « in impetratione aut retentione », impetratio seu retentio esset subrepticia ».

Le manuscrit 359 détermine enfin comment un monastère non consistorial devient consistorial : « Cum valor monasterii non consistorialis exprimitur ad cc duc., aut supra, in impetratione aut retentione, tunc domini clerici Camere faciunt annotare tale monasterium in libris ad tertiam predicti valoris expressi in bulla impetrationis aut retentionis... Et sic monasterium istud, quod prius non erat consistoriale, efficitur consistoriale. Et, cum postea impetratur aut retinetur, tractatur in omnibus et per omnia prout alia consistorialia monasteria tractantur ».

Dans nos manuscrits lyonnais, on rencontre un assez grand nombre de ces annotations rédigées par les clercs de la Chambre apostolique, les « Domini clerici Cameræ apos-

ment. D'après un accord intervenu entre le pape et les cardinaux, le Consistoire statuait seulement pour les monastères et abbayes valant au moins deux cents ducats. Or, il paraît que, à une certaine époque, et pour certaines provinces, la taxe avait été réduite au tiers des fruits. Une abbaye taxée à soixante-six ducats et deux tiers dans une « provincia reducta » était donc une abbaye d'une valeur trois fois plus forte (66 2/3 $\times$ 3 = 200), par conséquent égale à deux cents ducats, et cette abbaye était dans la compétence du Consistoire (1).

Une liste de toutes les églises métropolitaines et épiscopales et de toutes les abbayes taxées fut dressée par la Cour de Rome, probablement au commencement du xvᵉ siècle, et elle servit de base fondamentale pour la perception de l'annate.

La taxe n'était pas absolument invariable ; des lettres des Souverains Pontifes la modifiaient quelquefois. Mais les variations étaient pourtant assez exceptionnelles et il semble bien que, en France, on ait presque toujours, à partir du Concordat de François Iᵉʳ, maintenu les chiffres primitifs (2).

Nous connaissons plusieurs copies manuscrites de la liste officielle ; le soin avec lequel ces copies ont été exécutées, les ornements qui les décorent, suffiraient pour démontrer le caractère d'immutabilité relative du « Liber Taxationum ».

La Bibliothèque de la ville de Lyon en possède trois qui remontent à la fin du xvᵉ siècle et au commencement du xvıᵉ (3).

tolicæ », pour modifier les taxes primitives. Elles sont quelquefois suivies de la signature du clerc qui les a rédigées. On en trouvera un exemple pour l'abbaye de Saint-Étienne de Caen ; le clerc rédacteur a signé : G. de Vulterris. Parmi les noms que nous avons relevés au cours de l'examen de nos registres, figure celui de Ja. de Bonaparte, au-dessous d'une annotation relative à notre illustre abbaye de l'Ile-Barbe.

(1) La Normandie était une des provinces pour lesquelles cette réduction avait été admise ; elle était qualifiée de « Provincia reducta ». Aussi, sur la liste alphabétique des diocèses qui étaient « in Provincia vel in Patria reducta », liste qu'on trouve dans le manuscrit lyonnais nᵒ 359, ayant pour titre « Taxe cancellarie vel penitentiarie », on trouve les sept évêchés normands : « Abrincen., Baiocen., Constantien., Ebroïcen., Lexovien., Rotomagen., Sagien. »

(2) Le livre des taxes, dégagé des annotations qui l'ont modifié, paraît remonter aux premières années du xvᵉ siècle. Les additions sont quelquefois datées. Nous avons relevé, en pareil cas, et sans avoir complètement dépouillé les manuscrits, la mention des pontificats de Martin V (1417 à 1431), d'Eugène IV (1431 à 1447), de Paul II (1464 à 1471), de Sixte IV (1471 à 1484), d'Innocent VIII (1484 à 1492), d'Alexandre VI (1492 à 1503), de Jules II (1503 à 1507). — Il y a même une addition de 1604, relative au diocèse de Poitiers, mais bien postérieure à la rédaction des manuscrits. Les plus récentes qui y aient trouvé place sont du commencement du xvıᵉ siècle.

(3) Ces manuscrits sont aujourd'hui inscrits au Catalogue général des Bibliothèques des départements, Lyon, sous les numéros 358, 360 et 361 ; ils figuraient déjà dans le catalogue publié par Delandine sous les numéros 286, 288 et 289.

Le manuscrit nᵒ 358 est de la fin du xvᵉ siècle. Le texte qu'il contient doit être anté-

Les abbayes sont groupées par diocèses, et les diocèses sont énumérés par ordre alphabétique, mais en tenant compte seulement de la première lettre de leur nom.

Exception est faite pour l'Église de Rome, qui occupe le premier rang ; la raison en est donnée par ce texte qui figure en tête de tous les manuscrits :

« Romana Ecclesia sub se continet abbates infrascriptos, et ideo in hoc opusculo præponitur, ordine alphabeti prætermisso, quia omnium Ecclesiarum mundi caput est et magistra ».

Nous avons extrait des trois manuscrits lyonnais, pour les offrir au Congrès du Millénaire normand, les passages concernant les sept évêchés de l'ancienne province de Normandie : Avranches, Bayeux, Coutances, Évreux, Lisieux, Rouen et Séez (1).

Un commentaire développé ne serait pas inutile au-dessous de chacun de ces textes.

Mais, éloigné de la Normandie depuis cinquante ans, nous n'avons à notre disposition ni les documents d'archives, ni les monographies qui permettraient un contrôle efficace de chaque affirmation (2).

rieur à 1478 ; car le rédacteur fait figurer l'abbaye d'Ardenne près Caen parmi les abbayes dépendant du diocèse de Bayeux, sans addition, tandis que le manuscrit n° 360 dit que, par lettres de Sixte IV, du 3 des ides de février de la septième année de son pontificat (11 février 1478), le monastère d'Ardenne fut uni à celui de la Lucerne d'Outre-Mer, dans le diocèse d'Avranches.

Le manuscrit n° 360 contient donc un texte moins ancien que celui du manuscrit n° 358. Mais ce texte est pourtant antérieur au schisme d'Henri VIII ; car il parle des abbayes d'Angleterre, sans les distinguer des abbayes des nations du continent. Il est du commencement du xvie siècle comme le manuscrit n° 361.

Un des possesseurs de ce dernier y a annexé un très bel exemplaire de l'un des ouvrages de Pierre Loriot, de Salins, professeur de droit, bien connu, qui a enseigné dans plusieurs Universités françaises et étrangères, vers le milieu du xvie siècle : « De Gradibus affinitatis » ; *Lugduni, apud Sebastianum Gryphium*, MDXLII ; in-f°, 68 pages, avec quelques tableaux explicatifs. La dédicace de ce livre à Guillaume Bochetelle est datée de Bourges, le 4 des kalendes de février 1541.

Les numéros 358 et 361 sont de très beaux manuscrits, sur vélin, avec lettres ornées. Le manuscrit 360 est moins précieux ; le scribe s'est servi de papier, et l'écriture est souvent négligée.

(1) Nous venons d'énumérer, dans leur ordre alphabétique, les sept diocèses de la province de Normandie, nous conformant en cela à la règle observée dans les registres de la chancellerie romaine. Mais il ne faut pas oublier que six de ces évêchés reconnaissaient l'Église de Rouen pour leur métropole, et qu'ils observaient entre eux, dans leurs assemblées provinciales, une certaine hiérarchie. Ils se plaçaient ainsi : 1° Bayeux ; 2° Avranches ; 3° Évreux ; 4° Séez ; 5° Lisieux ; 6° Coutances. Voir Farin, *Histoire de la ville de Rouen*, 3e édition, in-12, t. III, 1738, p. 551.

(2) Nous nous bornons à faire remarquer :

1° Que, si longue que soit l'énumération des abbayes normandes soumises à la taxe, elle ne comprend que des abbayes appartenant à l'ordre de saint Benoit, ou à l'ordre de Citeaux, ou à l'ordre des Prémontrés, ou à l'ordre de saint Augustin. Aucun des monas-

Nous prions les membres du Congrès d'agréer, tel que nous le leur offrons, le modeste hommage d'un Normand dépaysé, mais resté fidèle au culte du sol natal (1).

§ 1.

Ecclesia Abrincensis,
in Francia, Normannia et Provincia Rothomagensi.

Flor. 11ᵐ vᶜ. (2).

1° Savigniaci, ordinis cisterciensis : Flor. vııᶜ ʟ. (3) ;
2° Michaëlis in periculo maris, ordinis sancti Benedicti : Flor. cccc. (4);

tères se rattachant à d'autres ordres ou congrégations, Chartreux, Franciscains de toutes sortes (Cordeliers, Récollets, Capucins, Pénitents), etc., n'était inscrit sur les registres des annates ;

2° Que, même pour les ordres de saint Benoit, de Citeaux et de saint Augustin, les communautés de femmes, si riches qu'elles fussent, n'étaient pas soumises à la taxe.

(1) Nous avions songé à offrir au Congrès du Millénaire normand une contribution beaucoup plus intéressante. Nous aurions voulu l'entretenir de conflits de juridiction qui se produisaient, même au xviııᵉ siècle, et sur lesquels le Conseil d'État dut encore statuer le 12 mai 1702. L'archevêque de Lyon se disait Primat des Gaules, et il prétendait que cette qualité faisait de lui le juge supérieur de tous les métropolitains de France, tandis que l'archevêque de Rouen se refusait à admettre une autre supériorité que celle du Saint-Siège. La Société de l'Histoire de Normandie, qui publie chaque année de curieuses pièces d'archives, devrait bien consacrer un volume à la publication des principaux documents relatifs à cette longue querelle des métropolitains de Lyon et de Rouen.

(2) Le manuscrit lyonnais n° 360, pour la taxe de l'Église d'Avranches, dit : « Flor. 11ᵐ vᶜ ; *alias* 1,500 »; mais le chiffre 2,500 parait bien exact. On le trouve, sans réserve, dans les manuscrits 358 et 361. Cf. Louis du Bois, *Itinéraire de la Normandie*, 1828, p. 189. Le revenu de l'évêché d'Avranches, à la fin du xviııᵉ siècle, sous l'épiscopat du dernier évêque, Mgr de Belbeuf, nommé en 1774, était évalué seulement de vingt à vingt-cinq mille livres. Voir Lecanu, *Histoire du diocèse de Coutances et d'Avranches*, t. ll, 1878, p. 64, et Louis du Bois, *loc. cit.* Un peu plus loin, p. 124, l'abbé Lecanu insiste sur la misère du Chapitre d'Avranches; il était, en 1790, l'un des plus pauvres du royaume, puisque, pour rétribuer un très nombreux personnel, il disposait seulement de dix-sept mille cinquante livres.

(3) Pour l'abbaye de Savigny, sur Savigny-le-Vieux, canton du Teilleul, arrondissement de Mortain (Manche), la taxe, fixée à vııᶜ ʟ florins par les manuscrits 358 et 361, est ainsi indiquée dans le manuscrit 360 : « Flor. vııᶜ ʟ, *alias* 800 ». — D'après Masseville, *État géographique de la Normandie*, p. 302, cette abbaye avait plus de trente-quatre mille livres de revenu en 1722.

(4) L'abbaye du Mont-Saint-Michel au péril de la mer, l'une des plus célèbres de l'Europe, bien qu'elle fut taxée seulement à quatre cents florins, passait pour l'une des plus riches de la chrétienté. Masseville, *loc. cit.*, p. 223, lui attribue, en 1722, quarante mille livres de revenu ; mais il ajoute qu'elle « a été beaucoup plus riche autrefois ». La diminution s'accentua encore au cours du xviııᵉ siècle, puisque, en 1789, le revenu n'était plus que de trente-trois mille quatre cent cinquante-cinq livres grevées de lourdes charges. Voir Lecanu, *Histoire du diocèse de Coutances*, t. ll, 1878, p. 118.

3° Montis Morelli (ou Maurelli), ordinis sancti Augustini : Flor. c. (1) ;
4° Trinitatis de Lucerna, ordinis præmonstratensis : Flor. cxxxiii,
1 t'. (2).

(1) Pour l'abbaye de Montmorel, sur le territoire de Poilley, canton de Ducey, arrondissement d'Avranches (Manche), le manuscrit lyonnais n° 360 fixe ainsi la taxe : « Flor. cxliii, 1/3, *alias* C. » — Les deux manuscrits 358 et 360 mentionnent l'union à l'abbaye d'une église paroissiale dépendant du diocèse de Bayeux, l'église de Guilberville, aujourd'hui canton de Torigni, arrondissement de Saint-Lô (Manche). Man. 358 : « Unita fuit parrochialis de Gilbervilla, diocesis Bajocensis, cujus fructus lx flor. fuit, dicto monasterio Montis Morelli, et debet taxatio augeri flor lx ». Manuscrit 360 : « Dicto monasterio Montis Maurelli fuit unita parrochialis ecclesia de Guibervilla, Bajocensis diocesis, valoris lx ; ideo augetur ejus taxa ad flor. xx ». — Par une erreur incontestable, le rédacteur du manuscrit 361 a mentionné ce qui concerne l'église de Guilberville à propos de l'abbaye de la Lucerne ; mais sa rédaction a son utilité : « Die octavo octobris 1488, unita fuit parrochialis ecclesia de Guilbervilla, Bajocensis diocesis, cujus lxta flor., monasterio Montis Maurelli ; ideo et cet. »

La bulle, par laquelle, le 5 des ides d'août 1488, le pape Innocent VIII unit l'église de Guilberville à l'abbaye de Montmorel a été publiée par M. Dubosc, *Cartulaire de Montmorel*, p. 141 et suiv. L'éditeur n'a eu à sa disposition qu'une copie informe et très défectueuse d'un *vidimus* certifié par Charles de Neufchâtel, archevêque de Besançon, qui administrait alors l'évêché de Bayeux ; mais il n'y a pas de trop grandes différences entre la date donnée à la bulle par notre manuscrit 361 et celle du *vidimus*. Notre manuscrit est d'ailleurs en complet accord avec le rédacteur de la bulle, lorsqu'il évalue à soixante ducats d'or les revenus de l'église de Guilberville.

De plusieurs chartes publiées par M. Dubosc, *Cartulaire de Montmorel*, n°s 131 et suiv., il résulte qu'il y avait depuis longtemps des relations suivies entre l'abbaye de Montmorel et l'église de Guilberville.

Le manuscrit lyonnais 360, après avoir mentionné l'union de l'église de Guilberville à l'abbaye de Montmorel, ajoute : « Idem unitur parrochialis (ecclesia) sancti Leonardi, alias sancti Ledardi de Hezeu, Abrincensis diocesis, cujus lxx lib. ts. par., per litteras Martini V, datas Romæ, v° non. julii anno 6°, Annat. f° 9, cujus fructus lxx ». La paroisse Saint-Léonard dépend aujourd'hui de la commune de Vains, canton et arrondissement d'Avranches.

Masseville, *État géographique de la Normandie*, 1722, p. 221, dit que le revenu de l'abbaye de Montmorel n'était que de quatre mille livres. Pour 1790, l'abbé Lecanu, *Histoire du diocèse de Coutances et d'Avranches*, donne un chiffre beaucoup plus élevé : huit mille dix-sept livres pour l'abbé, et cinq mille neuf livres pour les chanoines.

(2) L'abbaye de la Lucerne se trouvait sur le territoire de la commune de la Luzerne-d'Outre-Mer, canton de la Haie-Pesnel, arrondissement d'Avranches.

Notre manuscrit 360, après avoir dit que la taxe est de « Flor. cxxxiii, alias 200 », ajoute : « Eidem est unitum monasterium de Ardenna, Bajocensis (diocesis), taxatum c., per litteras Sexti 4, sub data 3 idib. febru. anno 7, f° 88 ». Ce renseignement est confirmé par le manuscrit 361 : « Unitum fuit illi monasterium de Ardena, Bajocensis diocesis, ad c. ; ideo augetur taxa ad Fl. cxxxiii ». Il est vrai que, dans ce dernier manuscrit, l'union semble être faite au monastère de Montmorel ; mais nous avons déjà fait remarquer que le scribe de ce manuscrit avait placé sous le nom de l'abbaye de la Lucerne l'annexion de l'église de Guilberville, unie à Montmorel, et, par compensation, il a mis, sous le nom de l'abbaye de Montmorel, ce qui concernait la Lucerne.

Aucun des historiens normands que nous avons consultés ne mentionne la réunion à l'abbaye de la Lucerne de l'abbaye d'Ardenne, dont Masseville, *loc. cit.*, p. 55, évaluait encore, en 1722, le revenu à environ dix mille livres, tandis que, *eod. loc.*, p. 208, il n'attribuait à l'abbaye de la Lucerne que de quatre à cinq mille livres de revenu. Dans le cartulaire factice de la Lucerne, publié par M. Dubosc, il n'y a pas une seule charte qui implique cette réunion des deux abbayes.

Bien loin de là ! les historiens des derniers siècles parlent longuement d'une controverse, qui était toujours pendante entre les deux monastères, « pro prioritate loci et dignitate subordinationis ». Dans des documents officiels, l'abbaye d'Ardenne était citée parmi les filles de la Lucerne : « Ecclesia de Ardena, Bajocensis diocesis, est filia Lucernæ », et les auteurs de la *Gallia christiana* admettaient cette filiation : « Ardenam datam Lucernæ ab episcopo Bajocensi diocesano ; Lucernam longe ante Ardenam abbatiæ dignitate decoratam fuisse ». Mais de Monstier, dans sa *Neustria pia*, protestait énergiquement : « Ex chronologia, quæ fax est historiæ, certum constat Ardenam prioritate temporis antecedere Lucernam. Illa quippe fundata conspicitur anno 1121 ; hæc autem 1143. » Toujours d'après de Monstier, les premiers moines de la Lucerne, Tancrède et Étienne, étaient venus de l'abbaye d'Ardenne, la seule maison que les Prémontrés eussent alors en Normandie. Les auteurs de la *Gallia christiana* soutenaient contre lui que Tancrède avait été envoyé par l'abbaye de Dommartin, près d'Hesdin (Pas-de-Calais).

Aux quatre abbayes mentionnées dans le manuscrit 358, abbayes qui existaient toutes en 1789, le manuscrit 361 a ajouté :

« Ioannis de Alizia, ord..... non reperitur in libr' ».

Le manuscrit 360 a intercalé entre Montmorel et la Lucerne :

« Ioannis de Aligeria, ord....., Flor.....

Cette abbaye inconnue doit être l'abbaye de Saint-Jean près Falaise, de l'ordre des Prémontrés, taxée à ccc florins, que l'on trouve à sa place, dans le manuscrit n° 358, f° 94, r°, parmi les abbayes du diocèse de Séez. Elle paraît avoir été mal connue des scribes auxquels sont dus nos registres ; car non seulement ils ne savent pas ce qu'ils doivent en faire dans le diocèse d'Avranches, auquel ils essaient de la rattacher, mais encore ils ont imaginé d'introduire dans leur répertoire une rubrique spéciale : FALESIAN... semblable à celle de tous les évêchés, comme s'il y avait eu jamais une Église de Falaise, analogue aux Églises de Bayeux, de Coutances, etc. Voir plus loin ce que nous disons à propos de l'Église de Séez.

§ 2.

Ecclesia Bajocensis (1),
in Francia, Normannia et Provincia Rothomagensi.
Flor. IIII^m IIII^c. (2).

1º Vigoris de Cerascio, ordinis sancti Benedicti : Flor. M. V^c. (3);
2º Mariæ de Alneto, ordinis cisterciensis : Flor. IIII^c LXXV. (4) ;
3º Mariæ de Valle, ordinis sancti Augustini : Flor. LX. (5) ;

(1) Les taxes de l'Église de Bayeux ne sont indiquées que dans deux de nos manuscrits lyonnais, les nᵒˢ 360 et 361. Le copiste du manuscrit 358 a négligé de transcrire les articles relatifs à l'ECCLESIA BAJOCENSIS et aux abbayes qui en dépendaient.

(2) Le manuscrit 360 ajoute : « Ecclesiæ Bajocensi mandatur uniri parrochialis (ecclesia) de Souonio (?), cujus 70 libr. tur., per litteras Sixti IV, datas nono idib. (ou kal.) januarii, anno sexto ». — L'addition est également dans le manuscrit 361, mais en termes différents : « Ecclesiæ Bajocensi fuit mandatum uniri major portio ecclesiæ parrochialis de Sonazuio (?), cujus fructus LXX. Ideo augetur taxatio ad flor. XXXIII, 1 t. ».

Ces renseignements, relatifs à l'annexion à l'église de Bayeux de l'église ou d'une portion de l'église *de Souonio* ou *de Sonazuio*, sont confirmés par les historiens du diocèse de Bayeux. Michel Béziers, *Histoire sommaire de la ville de Bayeux*, Caen, 1773, p. XLIX, dit, en effet : « L'évêché de Bayeux est taxé à 4,433 florins à la Cour de Rome pour l'annate ou l'expédition des bulles ». Cf. Louis du Bois, *Essai géographique sur la Normandie*, 1828, p. 188. La taxe, qui, avant le pontificat de Sixte IV (1471-1484), était seulement de 4,400 florins, a donc, vers 1476, été légèrement augmentée et portée à 4,433 florins.

Béziers, *loc. cit.*, en 1773, dit que « le revenu de l'évêché de Bayeux est de plus de cent mille livres ». C'est, à dix mille francs près, l'évaluation de Louis du Bois, *loc. cit.* : « Le revenu de l'évêché de Bayeux, avant la Révolution, était de quatre-vingt-dix mille livres ».

(3) L'abbaye de Saint-Vigor de Cerisy, qui dépendait de l'évêché de Bayeux, se trouvait sur le territoire du bourg de Cerisy-l'Abbaye, aujourd'hui Cerisy-la-Forêt, canton de Saint-Clair et arrondissement de Saint-Lô (Manche). La belle église abbatiale, devenue église paroissiale, dépend naturellement du diocèse de Coutances. Masseville, *État géographique de la Normandie*, 1722, p. 118, dit que l'abbaye a plus de vingt mille livres de revenu, tant pour l'abbé que pour les moines. Voir Chevalier, *Répertoire, topo-bibliographie*, col. 629.

(4) Sur l'abbaye d'Aunay-sur-Odon, chef-lieu de canton de l'arrondissement de Vire (Calvados), voir Léchaudé d'Anisy, t. Iᵉʳ, p. 46 et suiv. ; Chevalier, *Répertoire*, col. 259 ; de Caumont, *Statistique monumentale du Calvados*, t. III, 1857, p. 236 et suiv. Les revenus de cette abbaye, que Masseville, dans son *État géographique*, en 1722, évaluait à près de douze mille livres (p. 62), étaient, avant la Révolution, d'après l'archiviste Lamare, de trente-trois mille livres. Voir de Caumont, *loc. cit.*, p. 236.

(5) L'abbaye de Notre-Dame-du-Val était sur la paroisse de Saint-Omer, dépendant aujourd'hui du canton de Thury-Harcourt, arrondissement de Falaise. — Notre manuscrit 361 dit qu'elle était de l'ordre de saint Benoît ; mais tous les auteurs qui ont écrit sur le diocèse de Bayeux, notamment Masseville, *loc. cit*, p. 315, et Michel Béziers,

4° Stephani de Fontaneto, ordinis sancti Benedicti : Flor. viie l. (1) ;
5° Martini de Troarno, ordinis sancti Benedicti : Flor. m. cc. (2) ;
6° Stephani de Cadomo, ordinis sancti Benedicti : Flor. m. (3) ;
7° Mariæ de Longis, ordinis sancti Benedicti : Flor. cc. (4) ;

Mémoires, t. III, 1894, p. 32, la rattachent, comme notre manuscrit 360, à l'ordre de saint Augustin. Bien que cette abbaye ait eu parmi ses abbés, au xviiie siècle, Armand-Jean Le Bouthillier de Rancé, le futur réformateur de la Trappe, elle n'a pas laissé de très bons souvenirs. M. Frédéric Vaultier, *Recherches sur l'ancien pays de Cinglais*, 1836, p. 53 et suiv., parle, en observateur attentif, de l'incurie extrême des religieux de cette maison. Voir de Caumont, *Statistique monumentale du Calvados*, t. II, 1850, p. 605 et suiv.

(1) Sur l'abbaye de Saint-Étienne-de-Fontenay, édifiée sur la rive droite de l'Orne, et dont les restes dépendent aujourd'hui de la commune de Saint-André-de-Fontenay, canton de Bourguébus, arrondissement de Caen, voir de Caumont, *Statistique monumentale du Calvados*, t. II, p. 151 et suiv. Masseville, *loc. cit.*, p. 165, dit qu'elle possédait, en 1722, près de dix mille livres de revenu. Presque à la même époque, l'illustre érudit Pierre-Daniel Huet, qui fut abbé de 1699 à 1721, évaluait les ressources annuelles à vingt mille quarante et une livres, et les charges à sept mille sept cent dix-sept livres quinze sous; mais il avait peu d'estime pour les moines qui desservaient l'abbaye. Leur gaspillage était si grand que, disait-il, « de Bénédictins, ils étaient devenus Malédictins ». Le dernier abbé fut Pierre-Charles de Montazet, neveu d'Antoine Malvin de Montazet, archevêque de Lyon. Il est de tradition dans le pays que cet abbé contribua pour une large part à la ruine de l'abbaye.

(2) Sur l'abbaye de Saint-Martin-de-Troarn, chef-lieu de canton de l'arrondissement de Caen, voir de Caumont, *Statistique monumentale*, t. II, 1850, p. 71 et suiv. D'après M. de Caumont, p. 80, le revenu total de cette abbaye était estimé, au xviiie siècle, à plus de cent mille livres, tandis que, en 1722, Masseville, *loc. cit.*, p. 314, l'évaluait seulement à vingt mille livres.

(3) Un secrétaire de la Cour de Rome, G. de Vulterris, a ajouté à l'article relatif à l'abbaye de Saint-Étienne-de-Caen, la note suivante : « M. CCCC. LVI, die quinta aprilis, mandatum fuit uniri monasterio sancti Stephani de Cadomo, ecclesia parrochialis sancti Martini de Vindefontaina, Constantiensis diocesis, valoris clxxx libr. turo., quando primum vacabit per cessum vel decessum, et sic taxatio debet augeri ». *Signé : G.* DE VULTERRIS. Sur l'abbaye de Saint-Étienne-de-Caen, voir Léchaudé d'Anisy, *Inventaire des chartes*, p. 268 et suiv. ; Charles Hippeau, *L'Abbaye de Saint-Étienne-de-Caen*, 1885 ; M. Frédéric Vaultier, *Histoire de la ville de Caen*, 1843, p. 66, et M. de Caumont, *Statistique monumentale du Calvados*, t. I, 1846, p. 16, disent que, avant la Révolution, cette abbaye était l'une des plus riches de France ; ses revenus annuels étaient évalués à cent quatre-vingt-douze mille livres, dont les deux tiers étaient attribués à l'abbé. Masseville, *loc. cit.*, p. 103, en 1722, parlait seulement de soixante mille livres, tant pour l'abbé que pour les religieux.

Vindefontaine dépend aujourd'hui du canton de La-Haye-du-Puits, arrondissement de Coutances (Manche). Voir Renault, *Revue monumentale et historique de l'arrondissement de Coutances*, dans l'*Annuaire de la Manche*, 1858, p. 37 et suiv.

(4) Sur l'abbaye de Sainte-Marie-de-Longues, sur Longues, canton de Ryes, arrondissement de Bayeux, voir de Caumont, *Statistique monumentale du Calvados*, t. III, 1857, p. 598 et suiv. Cf. Michel Béziers, *Mémoires*, t. III, 1894, p. 462 et suiv., qui, comme nos manuscrits, dit que l'abbaye de Longues était taxée par la Chambre apostolique à deux cents florins. Masseville, *loc. cit.*, p. 204, évalue ses revenus annuels à quatre mille livres.

8º Mariæ de Barberio, ordinis cisterciensis : Flor. lx. (1) ;

9º Mariæ de Bella Stella, præmonstratensis ordinis : Flor, lxvi, iiᵉ. (2) ;

10º Ardenna, ordinis præmonstratensis : Flor. c (3) ;

11º Mariæ Fontis Danielis, ordinis cisterciensis : Flor. . . . . . (4).

(1) M. Frédéric Vaultier, ancien doyen de la Faculté des Lettres de Caen, était né à Barbery, aujourd'hui commune du canton de Bretteville-sur-Laize, arrondissement de Falaise (Calvados) ; il avait beaucoup, pendant sa jeunesse, vécu avec les religieux de l'abbaye et il gardait de ses relations avec eux un très bon souvenir. Il faisait notamment le plus grand éloge du dernier abbé, dom Bernard de Cairon, qui présida, en 1788, l'Assemblée générale du clergé réunie à Caen. Dans ses *Recherches historiques sur le pays de Cinglais*, 1836, p. 74, il dit : « Le revenu présumé de l'abbaye de Barbery, à l'époque où nous l'avons fréquentée, était évalué de quarante-cinq à cinquante mille francs ». En 1722, Masseville, *loc. cit.*, p. 67, parlait seulement de douze mille livres. Voir de Caumont, *Statistique monumentale du Calvados*, t. II, 1850, p. 220 et suiv. — Il convient de noter que, dans le manuscrit lyonnais 360, l'annate de l'abbaye de Barbery est ainsi déterminée : « Fl. lx, *alias* 260 ».

(2) La commune de Cerisy-Belle-Étoile, sur laquelle se trouvent les ruines de cette abbaye, dépend aujourd'hui du canton de Flers, arrondissement de Domfront (Orne). Masseville, *loc. cit.*, p. 80, écrivait, en 1722 : « Elle est d'environ cinq mille livres de revenu ».

(3) L'abbaye d'Ardenne se trouve sur la commune de Saint-Germain-la-Blanche-Herbe, canton et arrondissement de Caen. Voir de Caumont, *Statistique monumentale du Calvados*, t. I, 1846, p. 71 et suiv. Masseville, *loc. cit.*, p. 55, évaluait son revenu à environ dix mille livres. — Nous avons vu, en parlant de l'Église d'Avranches, que, d'après l'un de nos manuscrits, le nº 360, le monastère d'Ardenne, du diocèse de Bayeux, taxé à cent florins, aurait été réuni à l'abbaye de la Lucerne-d'Outremer, du diocèse d'Avranches, par lettres de Sixte IV, datées du 3 des ides de février de la septième année de son pontificat : « Eidem (Trinitati de Lucerna) est unitum monasterium de Ardenna, Bajocensis (diocesis), taxatum C, per litteras Sixti IV, sub dat. 3 id. febru. anno 7, fol. 88 ». — Cette réunion, qui paraît ignorée des historiens normands, est rappelée dans notre manuscrit nº 360, avec cette circonstance particulière que l'abbaye d'Ardenne, au lieu de clore la liste des abbayes du diocèse de Bayeux, comme dans le manuscrit nº 361, est énumérée au deuxième rang, entre l'abbaye de Cerisy et l'abbaye d'Aunay : « Ardenna ordinis præmonstratensis, Fl. c., unit. monasterio Ste Trinitatis de Lucerna, Abrincen. dioc., ordinis cisterciensis ». Ces deux derniers mots sont erronés ; l'abbaye de la Lucerne était une abbaye de Prémontrés.

(4) L'abbaye de Fontaine-Daniel, près de Mayenne, sur le territoire de la commune de Saint-Georges-Buttavent, ne faisait pas partie du diocèse de Bayeux et ne devait pas figurer dans l'énumération des abbayes de ce diocèse soumises à l'annate. L'abbé de Fontaine-Daniel avait seulement le droit de présentation à l'église de Saint-Aubin de Fontenay-le-Pesnel. En 1444, il obtint du pape Eugène IV une bulle réunissant cette église à son abbaye. Voir Michel Béziers, *Mémoires*, t. II, 1895, p. 201 ; cf. de Caumont, *Statistique monumentale*, t. I, 1846, p. 231. C'est cette simple réunion d'une église à une abbaye que notre manuscrit nº 360 rappelle : « Eidem (monasterio Mariæ Fontis Danielis) mandatum fuit uniri capellania Sancti Albini, Bajocensis diocesis, cujus fructus 50 (ou 30) ».

Deux abbayes du diocèse de Bayeux ne sont pas mentionnées dans nos registres lyonnais : 1º L'abbaye de Torigni, de l'ordre de Cîteaux, Masseville, *loc. cit.*, p. 310, — et

§ 3.

Ecclesia Constantiensis,
in Francia, Normannia et Provincia Rothomagensi.
Flor. ıı^{m} v^{c}. (1).

1º Severi de Sancto Severo, Constantiensis, ordinis sancti Benedicti :
Flor. v^{c}. (2);
2º Mariæ de Voto, ordinis sancti Augustini : Flor. vı^{c}. (3) ;
3º Salvatoris Vicecomitis, ordinis sancti Benedicti : Flor. ccl. (4) ;

2º l'abbaye du Val-Richer, également de l'ordre de Citeaux, qui était enclavée dans le
diocèse de Lisieux. L'abbaye du Val-Richer, dont le revenu, en 1722, était évalué par
Masseville, *loc. cit.*, p. 317, à près de huit mille livres, se trouvait sur le territoire de
Saint-Ouen-le-Pin, canton de Cambremer, arrondissement de Pont-l'Évêque. Voir de
Caumont, *Statistique monumentale*, t. IV, 1862, p. 163 et suiv.

(1) Le revenu de l'évêché de Coutances, à la fin du xvııı° siècle, était évalué à qua-
rante-quatre mille livres, et la taxe était toujours de deux mille cinq cents florins. Voir
Louis du Bois, *Itinéraire de la Normandie*, p. 192. L'abbé Lecanu, *Histoire du diocèse de
Coutances et d'Avranches*, t. II, 1878, p. 107, dit même que la cathédrale de Coutances,
en 1789, avait un revenu d'environ quatre-vingt mille livres.

(2) Saint-Sever, chef-lieu de canton de l'arrondissement de Vire (Calvados), dépend
maintenant de l'évêché de Bayeux. M. A. de Caumont a publié dans sa *Statistique monumentale du Calvados*, t. III, 1857, p. 127 et suiv., une notice de M. Laffetay, sur l'abbaye
de Saint-Sever, dans laquelle on lit que cette abbaye payait une redevance annuelle de
cinq cents florins d'or, à la Chambre apostolique, à raison des biens qu'elle possédait
dans le diocèse d'Avranches ! Il y a là deux erreurs. L'annate, payable par l'abbaye de
Saint-Sever, était bien de cinq cents florins ; mais ce n'était pas une redevance annuelle,
et elle avait été fixée eu égard à l'ensemble des revenus, sans considération spéciale des
biens possédés dans le diocèse d'Avranches. Masseville, *État géographique de la Normandie*, 1722, p. 298, attribuait à l'abbaye de Saint-Sever un revenu de huit à neuf
mille livres, tant pour l'abbé que pour les moines. Comment expliquer, si ce chiffre est
exact, que, à la veille de la Révolution, la part de l'abbé fût à elle seule de cinq mille
cinq cents livres ? Voir Lecanu, *Histoire du diocèse de Coutances*, t. II, 1878, p. 103.

(3) Sur l'abbaye du Vœu, à Cherbourg, voir Fleury et Vallée, *Cherbourg et ses envi-
rons*, p. 96 et suiv. ; cf. *Annuaire de la Manche*, 1850, p. 557. Dans notre manuscrit
lyonnais nº 360, la taxe est ainsi formulée : « Flor. v^{c}, alibi vı° ». Masseville, *loc. cit.*,
p. 122, n'indique pas le revenu annuel. Mais le chanoine Lecanu, *Histoire du diocèse de
Coutances*, t. II, 1878, p. 100 et suiv., parle d'environ vingt et un mille livres, d'après
un état estimatif de 1753. En 1790, la part de l'abbé était fixée à treize mille livres.

(4) Sur l'abbaye de Saint-Sauveur-le-Vicomte, voir les *Notes historiques et archéologiques* de M. le Conseiller Renault, insérées dans l'*Annuaire de la Manche*, 1874, p. 35
et suiv. D'après cet historien, en 1665, la part de l'abbé dans les revenus de l'abbaye était
de dix à douze mille livres de rente ; en 1765, elle n'était plus que de six mille cinq cents
livres. Masseville, *loc. cit.*, p. 297, ne parle pas du revenu.

4° Trinitatis de Exaquio, ordinis sancti Benedicti : Flor. vɪᶜ. (1) ;

5° Laudi de Sancto Laudo, ordinis sancti Augustini : Flor. ccc. (2) ;

6° Montisburgi, ordinis sancti Benedicti : Flor. vɪᶜ. (3) ;

7° Mariæ de Ambeya, ordinis sancti Benedicti : Flor. ʟxxɪɪ cum dimi-dio (4) ;

8° Nicolaï de Blancalanda, ordinis præmonstratensis : Flor. cc. (5) ;

(1) Sur l'abbaye de Lessay, chef-lieu de canton de l'arrondissement de Coutances, voir Renault, *Revue monumentale et historique de l'arrondissement de Coutances*, dans l'*Annuaire de la Manche*, 1860, p. 49 et suiv. M. Renault, *loc. cit.*, et l'abbé Lecanu, *Histoire du diocèse de Coutances*, t. II, 1878, p. 103, disent que les revenus de l'abbaye de Lessay étaient, en 1789, évalués à environ quatre-vingt mille livres; l'abbé en prélevait cinquante mille ; le surplus, trente mille livres, était partagé entre le prieur et les religieux. Ces chiffres sont de beaucoup supérieurs à celui que Masseville indiquait en 1722; dans son *État géographique*, p. 196, il parle seulement de vingt-six mille livres de rente.

(2) L'abbaye de Saint-Lô n'a pas complètement disparu ; la grande maison, édifiée avant 1789 pour les chanoines de saint Augustin, existe toujours, et sert, depuis 1824, de caserne aux cavaliers du dépôt de remontes de Saint-Lô. Mais nous n'avons pas trouvé l'indication de ses revenus.

(3) Sur l'abbaye de Montebourg, chef-lieu de canton de l'arrondissement de Valognes, voir Renault, *Notes historiques et archéologiques*, dans l'*Annuaire de la Manche*, 1870, p. 38 et suiv., notamment p. 57 : « L'abbaye payait six cents florins d'or pour l'annate ». Masseville, *État géographique*, p. 217, disait, en 1722 : « Elle est d'environ vingt mille livres de revenu ». — En 1790, la part attribuée à l'abbé commendataire était estimée à douze mille livres. Lecanu, *loc. cit.*, p. 102.

(4) Sur l'abbaye de Hambye, canton de Gavray, arrondissement de Coutances, voir Renault, *Revue monumentale et historique de l'arrondissement de Coutances*, dans l'*Annuaire de la Manche*, 1854, p. 119 et suiv. M. Renault, p. 133, dit que l'annate de l'abbaye de Hambye était de soixante-douze florins. Tous nos manuscrits lyonnais en fixent le chiffre à soixante-douze florins et demi. Le savant magistrat estimait le revenu annuel de l'abbaye, à la fin du xvɪɪɪᵉ siècle, à vingt mille livres; l'abbé Lecanu va plus loin encore puisqu'il dit, *loc. cit.*, p. 103, que les revenus du dernier abbé étaient, en 1790, de vingt-cinq mille livres, tandis que Masseville, *loc. cit.*, p. 180, en 1722, parlait seulement de neuf mille livres.

Qu'il nous soit permis de rappeler ici que le pieux archevêque de Lyon, Alphonse-Louis de Richelieu, qui a laissé aux Lyonnais tant de souvenirs de son élévation à la primatie des Gaules et qui a tenu à être inhumé au milieu des pauvres secourus par l'Aumône générale ou Charité de Lyon, figure sur la liste des abbés de Hambye!

(5) L'abbaye de Blanchelande se trouvait, avant 1789, sur le territoire de la paroisse de Varenguebec, canton de la Haye-du-Puits ; mais, par l'effet de changements qui ont été apportés aux limites des communes de ce canton, les ruines de l'abbaye se trouvent aujourd'hui sur le territoire de Neufmesnil. Voir Renault, *Revue monumentale et historique de l'arrondissement de Coutances*, dans l'*Annuaire de la Manche*, 1859, p. 9 et suiv. Masseville, *loc. cit.*, p. 86, estimait, en 1722, le revenu annuel de l'abbaye de Blanchelande à six mille livres. En 1790, à lui seul, l'abbé recevait cinq mille livres. Voir Lecanu, *loc. cit.*, t. II, p. 102.

9° In Jusjuria, ordinis sancti Augustini : Flor. c. (1) ;
10° Sinia, ordinis cisterciensis : Flor. cc. (2).

§ 4.

Ecclesia Ebroïcensis,
in Francia, Normannia et Provincia Rothomagensi.

Flor. II^{m} v^{c}. (3).

1° Taurini Ebroïcensis, ordinis sancti Benedicti : Flor. ccc. Unu. ja.
cxliii (4) ;

2° Crucis sancti Leoffredi, ordinis sancti Benedicti : Flor. ccl. (5) ;

3° Mariæ de Lira, ordinis sancti Benedicti : Flor. ccc. (6) ;

4° Boniportus, ordinis cisterciensis : Flor. m (7) ;

(1) Man. 358 : « In Jusjuria, ordinis..... Flor. c. ». Man. 361 : « In Isjuria, ordinis sancti Augustini : Flor. c. ».

(2) Cette abbaye n'est citée que par le manuscrit 360.

Nous ne savons pas où il faudrait placer dans le diocèse de Coutances ces deux dernières abbayes, que l'on ne retrouve pas dans les énumérations des historiens de l'ancien régime. S'agirait-il d'abbayes qui avaient été établies dans les îles normandes, à Jersey ou à Guernesey, et qui, à la suite de l'occupation anglaise, furent détachées du diocèse de Coutances et rattachées au diocèse de Winchester ? Elles furent d'ailleurs bientôt supprimées. Voir Lecanu, *Histoire des évêques de Coutances*, 1836, p. 441 et suiv.

(3) Louis du Bois, *Itinéraire de la Normandie*, p. 190, évaluait à trente mille livres le revenu annuel, avant 1789, de l'évêché d'Évreux. A la même époque, l'annate était toujours de deux mille cinq cents florins.

(4) L'abbaye de Saint-Taurin, dont l'église existe encore à Évreux, était, d'après un de nos manuscrits lyonnais, taxée à m.c.xliii florins, chiffre qui ne concorde pas avec les chiffres indiqués dans le texte. Masseville, *État géographique de la Normandie*, p. 154, écrivait, en 1722, que cette abbaye avait plus de vingt mille livres de revenu.

(5) L'abbaye de la Croix-de-Saint-Leufroy se trouvait sur le territoire de la commune de ce nom, canton de Gaillon, arrondissement de Louviers (Eure). Masseville, *loc. cit.*, p. 137, lui attribuait, en 1722, un revenu de près de quinze mille livres.

(6) L'abbaye de Lyre était sur le territoire de la commune de la Vieille-Lyre, canton de Rugles, arrondissement d'Évreux, près de la Rille. Ses revenus, en 1722, étaient évalués par Masseville, *loc. cit.*, p. 199, à vingt mille livres. Voir Chevalier, col. 1705.

(7) Un de nos manuscrits rattache l'abbaye de Bonport à l'ordre de saint Benoît ; mais les historiens normands, Masseville, *loc. cit.*, p. 90, et Louis du Bois, *loc. cit.*, p. 190, disent, comme notre manuscrit 358, qu'elle était de l'ordre de Cîteaux. Elle se trouvait si près de Pont-de-l'Arche (Eure), que Thomas Corneille fixait à « une mousquetade » seulement la distance qui l'en séparait. Masseville, en 1722, évalue son revenu annuel à vingt mille livres. Voir Chevalier, *Topobibliographie*, col. 445.

5° Petri de Conchis, alias de Castellione seu de Castiglione, ordinis sancti Benedicti : Flor. v^c. (1) ;

6° Mariæ de Valle, ordinis sancti Benedicti : Flor. lx. (2) ;

7° Mariæ de Noa, ordinis cisterciensis : Flor. cxx. (3).

§ 5.

Ecclesia Lexoviensis,
in Francia, Normannia et Provincia Rothomagensi.

Flor. iiii^m. (4).

1° Mariæ de Bernayo, ordinis sancti Benedicti : Flor. m. ii^c. (5) ;

2° Petri de Pratellis, ordinis sancti Benedicti : Flor. vii^c. (6) ;

(1) L'abbaye de Saint-Pierre et Saint-Paul de Conches se trouvait dans l'un des faubourgs de cette petite ville, le faubourg de Chatillon, que rappellent le « de Castellione » du manuscrit 358, et le « de Castiglione » du manuscrit 360. Masseville écrivait, en 1722, que cette abbaye avait plus de vingt mille livres de revenu (*loc. cit.*, p. 124).

(2) Masseville, *loc. cit.*, p. 316, mentionne une abbaye de la Vallée, au diocèse d'Évreux, fondée, l'an 1137, par Guifard, comte de Longueville ; mais il dit qu'elle était de l'ordre de Citeaux ; cf. p. 671. Louis du Bois, *loc. cit.*, p. 190, ne cite pas d'abbaye du Val ou de la Vallée parmi les abbayes d'hommes du diocèse d'Evreux.

(3) L'abbaye de la Noue, la Noé, Noa, se trouvait sur le territoire de la commune de la Noé-Poulain, canton de Saint-Georges-du-Vièvre, arrondissement de Pont-Audemer (Eure). Voir Chevalier, *Topobibliographie*, col. 2119. D'après Masseville, *loc. cit.*, p. 234, elle avait un revenu de huit mille livres.

Un scribe a, dans le manuscrit 358, ajouté au texte primitif l'inscription suivante : « Mariæ de Ebroyo, ordinis sancti Benedicti : Flor. lxv, ii. »

Il s'agit probablement de l'abbaye de Notre-Dame d'Ivry, « Beatæ Mariæ de Ybreio », sur le territoire d'Ivry-la-Bataille, canton de Saint-André, arrondissement d'Évreux (Eure). C'était bien une abbaye de Bénédictins, dont Masseville, *loc. cit.*, p. 331, évaluait, en 1722, le revenu à environ neuf mille livres.

Si cette conjecture est fondée, une des abbayes d'hommes du diocèse d'Évreux ne figurait pas dans le registre des « Taxationes » pour l'annate, l'abbaye du Breuil-Benoist, « de Brolio-Benedicti », située, comme l'abbaye d'Ivry, « de Ebroyo », sur les bords de l'Eure. C'était une abbaye de Cisterciens ; l'abbé avait, d'après Masseville, *loc. cit.*, p. 96, un revenu de deux mille écus. Voir Louis du Bois, *Itinéraire de la Normandie*, p. 190.

(4) Les revenus de l'évêché de Lisieux étaient évalués à cinquante mille livres. Voir Louis du Bois, *Itinéraire de la Normandie*, p. 191. — Chose notable ! Des cinq abbayes taxées, qui, avant la Révolution, se trouvaient sur le territoire de l'évêché de Lisieux, aucune ne se trouve maintenant dans le département du Calvados. Quatre : Bernay, Cormeilles, Grestain, les Préaux sont dans le département de l'Eure ; la cinquième, Saint-Évroult, est dans le département de l'Orne.

(5) L'abbaye de Bernay, fondée, en l'an 1013, par Judith de Bretagne, épouse de Richard II, duc de Normandie, l'aïeule de Guillaume le Conquérant, avait en 1722, d'après Masseville, *loc. cit.*, p. 81, plus de vingt mille livres de revenu.

(6) Abbaye de Saint-Pierre-de-Préaux, canton et arrondissement de Pont-Audemer ;

3º Ebrulfi, ordinis sancti Benedicti : Flor. viiicL. (1) ;

4º Mariæ de Grestano, ordinis sancti Benedicti : Flor. cL. (2) ;

3º Cormeliis, ordinis sancti Benedicti : Flor. cc. (3).

voir Ulysse Chevalier, *Répertoire, topobibliographie*, col. 2452. Voir aussi du Moulin, *Histoire de Normandie*, p. 127. Masseville, *loc. cit,* estimait, en 1722, le revenu de l'abbaye de Préaux à environ vingt mille livres.

(1) C'est l'ancienne abbaye d'Ouche, plus connue sous les noms de Saint-Évroult-en-Ouche ou de Saint-Évroult-Notre-Dame-du-Bois, canton de la Ferté-Fresnel, arrondissement d'Argentan (Orne). Voir Louis du Bois, *Archives annuelles de la Normandie*, 1826, p. 5 et suiv. — Masseville, *loc. cit.*, p. 285, qualifie l'abbaye de Saint-Évroult de « præclarum cœnobium », et fixe son revenu, en 1722, à environ trente mille livres. Voir du Moulin, *Histoire générale de Normandie*, 1631, p. 127.

(2) L'abbaye de Sainte-Marie-de-Grestain, bâtie, vers l'embouchure de la Seine, non loin d'Honfleur, sur l'emplacement d'une ancienne chapelle en l'honneur de la Vierge Marie, paraît avoir été fondée par Herluin de Conteville, le mari de la mère de Guillaume le Conquérant. Les frères utérins de Guillaume, Odon et Robert de Conteville, étaient inscrits sur la liste des bienfaiteurs. Voir Léchaudé d'Anisy, *Inventaire des chartes normandes*, t. II, p. 1 et suiv. Les ruines de cette abbaye sont sur la commune de Fatouville-Grestain, canton de Beuzeville, arrondissement de Pont-Audemer (Eure). Masseville, *loc. cit.*, p. 178, en 1722, estime à environ huit mille livres le revenu de cette abbaye.

(3) Les ruines de cette abbaye sont sur le territoire de Saint-Pierre-de-Cormeilles, canton de Cormeilles, arrondissement de Pont-Audemer (Eure). En 1722, Masseville, *loc. cit.*, p. 127, écrit que l'abbaye de Cormeilles a vingt mille livres de revenu tant pour l'abbé que pour les religieux.

Nos registres ne parlent pas de l'abbaye de Mondaye, abbaye de l'ordre des Prémontrés, qui dépendait du diocèse de Lisieux, mais qui était enclavée dans le diocèse de Bayeux. Les remarquables bâtiments de cette abbaye se voient encore sur le territoire de la commune de Juaye, canton de Balleroy, arrondissement de Bayeux. Voir de Caumont, *Statistique monumentale du Calvados*, t. III, 1857, p. 364 et suiv. Les revenus de Mondaye étaient évalués, en 1722, par Masseville, *loc. cit.*, p. 216, à environ vingt mille livres. Cf. Barette, *Histoire de Balleroy*, 1843, p. 199 et suiv.

§ 6.

Ecclesia Rothomagensis,
Metropolis in Francia.

Flor. XII^m. (1).

1° Fiscamensis, ordinis sancti Benedicti : Flor. VIII^m (2) ;

2° Martini, prope Pontis Aram, ordinis sancti Benedicti : Flor. v^c. (3) :

3° Audoini Rothomagensis, ordinis sancti Benedicti : Flor. IIII^m. (4) ;

4° Petri de Gemeticis, ordinis sancti Benedicti : Flor. II^m III^c. (5) ;

5° Michaelis de Ulteriori portu, ordinis sancti Benedicti : Flor. v^c. (6) ;

6° Catherinæ in monte, ordinis sancti Benedicti : Flor. M. (7) ;

7° Johannis evangelistæ de Fulcardi monte, ordinis cisterciensis : Flor. L. (8) ;

(1) Louis du Bois, *Essai géographique sur la Normandie*, 1828, p. 186, dit que le revenu de cet évêché « était évalué, au moment de la Révolution, à cent mille francs, et que sa taxe, en Cour de Rome, était de douze mille florins ».

(2) Sur l'abbaye de la Sainte-Trinité de Fécamp, voir Chevalier, *Répertoire, topo-bibliographie*, col. 1083. Masseville, *État géographique de la Normandie*, p. 161, dit que cette abbaye, « amplissima et opulentissima », passait pour avoir plus de quarante mille écus de revenu (cent vingt mille livres). Dans un livre ayant pour titre : *Le Havre et son arrondissement*, 1843, article Fécamp, p. 35, on lit : « D'après l'état qui fut dressé, le 7 mars 1790, par le grand prieur de l'abbaye, ses revenus, qui avaient été, au XVIe siècle, de près de quatre cent mille livres, montaient encore, après le partage avec l'abbé, à la somme de 160,197 livres, 5 sous, 4 deniers, déduction faite de charges annuelles très considérables ».

(3) Sur l'abbaye de Saint-Martin de Pontoise, voir Chevalier, *loc. cit.*, col. 2731 ; Masseville, *loc. cit.*, p. 247.

(4) Sur l'abbaye de Saint-Ouen de Rouen, voir Chevalier, *loc. cit.*, col. 2748. Masseville, *loc. cit.*, p. 270, écrivait, en 1722, que cette abbaye avait près de soixante-dix mille livres de revenu.

(5) Sur l'abbaye de Jumièges, canton de Duclair, arrondissement de Rouen, voir Chevalier, *loc. cit.*, col. 1587. Masseville, *loc. cit.*, p. 193, dit, en 1722, que cette abbaye possède bien quarante mille livres de revenu. Cons. Hyacinthe Langlois, *Notice sur le tombeau des énervés de Jumièges*, Rouen, 1825.

(6) Sur l'abbaye de Saint-Michel du Tréport, voir Chevalier, *loc. cit.*, fol. 3157 ; Masseville, *loc. cit.*, p. 313.

(7) L'abbaye de la Sainte-Trinité-du-Mont, édifiée sur la côte de Sainte-Catherine, près Rouen, en avant de Blosseville-Bonsecours, prit d'assez bonne heure le nom d'abbaye de Sainte-Catherine-du-Mont. Voir Chevalier, *loc. cit.*, col. 2789 ; Farin, *Histoire de Rouen*, 3e édition, 1738, t. V, p. 336 et suiv.

(8) Sur l'abbaye de Foucarmont, canton de Blangy, arrondissement de Neufchâtel (Seine Inférieure), voir Chevalier, *loc. cit.*, col. 1151. Masseville, *loc. cit.*, p. 168, dit, en 1722, que cette abbaye, taxée seulement à cinquante florins, possédait douze mille livres de revenu. L'exiguïté de la « taxatio » faisait d'elle une des rares abbayes normandes non consistoriales.

8° De Bello Loco, ordinis cisterciensis : Flor. iiii^c. (1) ;

9° Beccohelini, ordinis sancti Benedicti : Flor. iii^m. (2) ;

10° Vandragelii, ordinis sancti Benedicti : Flor. iiii^m. (3) ;

11° Victoris de Caleto, ordinis sancti Benedicti : Flor. iii^c. (4) ;

12° Mariæ de Mortuo Mari, ordinis cisterciensis : Flor. xxxiii. (5) ;

13° Beatæ Mariæ de Insula Dei, ordinis præmonstratensis : Flor. cxxvi, ii^t. (6) ;

14° Mariæ de Rossonyo, ordinis præmonstratensis : Flor. lxxiii, i^t. (7) ;

15° Mariæ de Voto, ordinis cisterciensis : Flor. c. (8) ;

16° Georgii in Bauchirvilla, ordinis sancti Benedicti : Flor. cxxxii, i^t. (9) ;

(1) Nos historiens normands disent qu'il y avait à Beaulieu, non pas une abbaye de l'ordre de Citeaux, mais bien un prieuré de chanoines réguliers de l'ordre de saint Augustin (Masseville, *loc. cit.*, p. 74 ; cf. Chevalier, *loc. cit.*, col. 338) ; tandis qu'ils placent à Beaubec, « Bellum Beccum », une abbaye de l'ordre de Citeaux, dont le revenu était de quinze mille livres (Masseville, *loc. cit.*, p. 74). Beaubec est une commune du canton de Forges, arrondissement de Neufchâtel ; Beaulieu se trouve dans le canton de Darnétal, à proximité de Rouen, en avant de Martainville, près de la route conduisant à Gournay.

(2) Sur la fameuse abbaye du Bec-Hellouin, arrondissement de Bernay (Eure), voir Chevalier, *loc. cit.*, fol. 345. Masseville, *loc. cit.*, p. 77, évaluait, en 1722, le revenu de cette abbaye à plus de vingt mille écus.

(3) Hyacinthe Langlois, *Essai historique sur l'abbaye de Saint-Wandrille ou de Fontenelle*, 1827, p. 157, dit, comme nos manuscrits, que cette abbaye était taxée en Cour de Rome à quatre mille florins et que son revenu était évalué, en 1789, à cinquante mille livres. Masseville, *loc. cit.*, 1722, p. 300, parlait de quarante mille livres de revenu. Voir Chevalier, *loc. cit.*, col. 1140 et 2787.

(4) Sur Saint-Victor-en-Caux, ou Saint-Victor-l'Abbaye, canton de Tôtes, arrondissement de Dieppe, voir Chevalier, *loc. cit.*, col. 2783 ; Masseville, *loc. cit.*, p. 300, évaluait le revenu de cette abbaye à six mille livres.

(5) Cette abbaye de Mortemer était située près de Lyons-la-Forêt, arrondissement des Andelys (Eure). Voir Chevalier, *loc. cit.*, col. 2022. Taxée seulement à trente-trois florins, et, par conséquent, traitée à Rome comme non consistoriale, elle avait pourtant, d'après Masseville, *loc. cit.*, p. 227, vingt mille livres de revenu.

(6) L'abbaye de l'Ile-Dieu, sur la rivière d'Andelle, se trouvait, comme l'abbaye de Mortemer, près de Lyons-la-Forêt, arrondissement des Andelys (Eure), peut-être sur le territoire de Vascœuil. Masseville, *loc. cit.*, en 1722, lui attribue de quatre à cinq mille livres de revenu. Voir Chevalier, *loc. cit.*, col. 1486.

(7) Il s'agit évidemment de l'abbaye de Ressons, « de Ressonio, de Ressonia », dans le Vexin français. Voir Masseville, *loc. cit.*, p. 254 et 458. Ressons dépend aujourd'hui du département de l'Oise et se trouve dans l'arrondissement de Beauvais, sur la route conduisant de cette ville à Méru.

(8) A la mention de l'abbaye cistercienne de Sainte-Marie-du-Vœu, des scribes ont ajouté dans nos manuscrits : « Alias de Valle Assa, vulgo du Vallassé nuncupata. » Cette abbaye du Vallasse se trouvait dans la vallée où passe la route conduisant de Lillebonne à Bolbec (Seine-Inférieure). Voir Chevalier, *loc. cit.*, col. 3213. Masseville, *loc. cit.*, p. 316, dit qu'elle possédait environ trente mille livres de revenu. Cf., sur le Vallasse, Ed. Frère, *Guide du voyageur en Normandie*, 1844, p. 150.

(9) Saint-Georges-l'Abbaye, sur la commune de Saint-Martin-de-Boscherville, canton

§ 7.

Ecclesia Sagiensis,
in Francia, Normannia et Provincia Rothomagensi.
Flor. IIIᵐ. (1).

1° Petri supra Divam, ordinis sancti Benedicti : Flor. VIIIᶜ. (2) ;
2° Mariæ de Sancto Andrea de Goferno, ordinis cisterciensis : Flor. CXX. (3);

de Duclair, arrondissement de Rouen. Voir Chevalier, *loc. cit.,* col. 2700. Masseville, *loc. cit.,* p. 287, dit qu'elle a bien dix-sept mille livres de revenu. Voir encore A. Deville, *Essai sur l'église et l'abbaye de Saint-Georges-de-Boscherville,* 1827, in-4°, *Revue de Rouen,* 1833, p. 157, et Frère, *Guide du voyageur en Normandie,* 1844, p. 136 et 175.

Du rapprochement de nos livres de taxes avec la liste des abbayes du diocèse de Rouen à la fin du XVᵉ siècle, il résulte qu'un assez grand nombre de maisons religieuses de ce diocèse n'étaient pas taxées. Nous citerons :

1° L'abbaye d'Aumale, de l'ordre de saint Benoît, arrondissement de Neufchâtel, dont Masseville, *loc. cit.,* p. 62, estime le revenu à environ neuf mille livres ;

2° L'abbaye de Valmont, de l'ordre de saint Benoit, dans le pays de Caux, sur la commune de Thérouldeville, arrondissement d'Yvetot. Elle avait dix mille livres de revenu (Masseville, *loc. cit.,* p. 317);

3° L'abbaye de Corneville-sur-Risle, de l'ordre de saint Augustin, dans le Roumois, canton et arrondissement de Pont-Audemer (Eure) ; son revenu était de cinq mille livres (Masseville, *loc. cit.,* p. 128);

4° L'abbaye de Notre-Dame d'Eu, également de l'ordre de saint Augustin, ayant dix mille livres de revenu (Masseville, *loc. cit.,* p. 151). Nous devons dire toutefois que, dans notre manuscrit n° 360, l'abbaye de Notre-Dame d'Eu est citée à la suite de l'abbaye de Sainte-Marie-du-Vœu ou du Vallasse, mais sans indication de taxe. Le scribe a écrit simplement : « *De Auge,* or. S. A. » ;

5° L'abbaye de Bellosanne, de l'ordre des Prémontrés, dans le pays de Bray, canton de Gournay, arrondissement de Neufchâtel. Son revenu était de cinq mille livres (Masseville, *loc. cit.,* p. 80) ;

6° L'abbaye de Marcheroux, de l'ordre des Prémontrés, dans le Vexin français (Masseville, *loc. cit.,* p. 211), à quelque distance de l'abbaye de Ressons, sur la droite du chemin conduisant de Gisors à Beauvais. Louis du Bois, *Itinéraire,* p. 186, donne à cette abbaye le nom de Marché-Raoul.

(1) Louis du Bois, *Itinéraire de la Normandie,* p. 190, évalue seulement à seize mille livres les revenus de l'évêché de Séez à la veille de la Révolution. Sa taxe était toujours fixée à trois mille florins.

(2) Sur l'abbaye de Saint-Pierre-sur-Dives, arrondissement de Lisieux (Calvados), voir de Caumont, *Statistique monumentale du Calvados,* t. V, 1867, p. 534 et suiv. Cf. Masseville, *État géographique de la Normandie,* 1722, p. 295.

(3) Sur l'abbaye de Saint-André-en-Gouffern, commune de la Hoguette, canton et arrondissement de Falaise, voir de Caumont, *Statistique monumentale du Calvados,* t. II, 1850, p. 425 et suiv. Cf. Masseville, *loc. cit.,* p. 282. Le manuscrit lyonnais n° 358 fixe, pour cette abbaye, l'annate à LXX florins ; mais dans les deux autres manuscrits, on lit CXX.

3° Martini Sagiensis, ordinis sancti Benedicti : Flor. cccl. (1) ;
4° Joannis prope Falesiam, ordinis præmonstratensis : Flor. ccc. (2) ;
5° Mariæ de Silleyo, ordinis præmonstratensis : Flor. vii^c. (3) ;
6° Mariæ de Trapa, ordinis cisterciensis : Flor. cxxxiii, 1^l. (4).

En terminant cette fastidieuse énumération des taxes payées à la Cour de Rome par les églises et par les abbayes normandes, à raison des annates, nous devons rappeler ce que, dès 1827, à propos de l'abbaye de Fontenelle ou de Saint-Wandrille, écrivait un artiste distingué de notre province, Eustache-Hyacinthe Langlois : « Il serait très curieux et très important à la fois de donner un état des revenus que percevaient et des taxes que payaient au Saint-Siège nos plus célèbres abbayes, aux différentes époques de notre histoire. Ce tableau jetterait un grand jour sur l'étude embrouillée de l'économie politique, des mœurs et des abus de ces temps reculés. Mais, pour l'établir, à combien de recherches ne faudrait-il pas se livrer ? »

L'observation de notre compatriote est toujours vraie. Si nombreux que soient les chiffres que nous avons groupés, ils ne permettraient pas de for-

(1) Masseville, *loc. cit.*, p. 303, évalue à trente mille livres, en 1722, le revenu annuel de l'abbaye de Saint-Martin de Séez.

(2) L'abbaye de Saint-Jean de Falaise paraît avoir été assez mal connue du rédacteur primitif du livre des « taxationes ». Elle est très bien ici à sa place ; mais on la rencontre également ailleurs. Dans nos trois manuscrits, on trouve, en effet, une rubrique analogue à celle de tous les évêchés : Falesian., comme s'il y avait eu un évêché de Falaise, comme il y avait un évêché de Bayeux, de Lisieux, etc., et, au-dessous de cette rubrique, il n'y a qu'une seule abbaye, exactement désignée comme l'abbaye placée sous la rubrique Sagiensis, dont nous parlons en ce moment.

« Joannis prope Falesiam, ordinis præmonstratensis : Flor. ccc ».

Voir, d'ailleurs, ce que nous avons dit plus haut, à propos de l'Église d'Avranches, d'une abbaye « Joannis de Alizia », ou « Joannis de Aligeria », que le rédacteur voulait placer dans l'Ecclesia Abrincensis, et qu'il ne trouvait pas dans ses livres : « Non reperitur in libr' ».

Sur l'abbaye de Saint-Jean-de-Falaise, entre Falaise et Guibray (Calvados), voir Léchaudé d'Anisy, *Inventaire des chartes*, t. I, 1834, p. 320 et suiv. M. de Caumont, *Statistique monumentale du Calvados*, t. II, 1850, p. 461 et suiv., a publié un mémoire de M. Renault sur cette abbaye.

(3) L'abbaye de Sainte-Marie-de-Silly, appelée aussi Sainte-Marie-en-Gouffern, se trouvait sur le territoire de la commune de Silly-en-Gouffern, canton d'Exmes, arrondissement d'Argentan (Orne). Voir Masseville, *loc. cit.*, p. 305.

(4) L'abbaye de la Trappe ne figurait pas dans le texte primitif reproduit par notre manuscrit n° 358. Elle a été inscrite sur le registre à une date plus récente. Cette abbaye que l'abbé de Rancé, l'ancien abbé de Notre-Dame-du-Val au diocèse de Bayeux, a rendue si célèbre à la fin du xviie siècle, se trouve sur le territoire de la commune de Soligny, canton de Bazoches-sur-Hoesme, arrondissement de Mortagne (Orne). Masseville, *loc. cit.*, p. 312, évaluait, en 1722, son revenu annuel à huit mille livres.

muler encore d'utiles conclusions, tant la disproportion apparaît souvent entre l'annate d'une part et d'autre part le revenu indiqué pour une époque déterminée.

Ajouter aux renseignements que nous avons laborieusement réunis d'autres renseignements analogues, tirés de pièces d'archives ou de livres tels que le Registre des visites de l'archevêque Eudes Rigaud, est, en apparence, facile.

Mais, comme Langlois, et à près d'un siècle de distance, nous laissons aux érudits de notre province, patients investigateurs du passé et exempts d'autres tâches obligatoires, le soin d'accomplir l'œuvre de synthèse historique dont il leur signalait l'utilité.

9 782329 652306